L'INDICATEUR ANALYTIQUE

DU MANUEL

POUR LES

DÉBATS SUR L'USURE,

LE CRÉDIT FONCIER ET LA FINANCE,

EN FACE DU 13ᵉ ARTICLE DE LA CONSTITUTION.

RÉSUMÉ DES TRAVAUX DES PLUS GRANDS PENSEURS

APPLIQUÉS A LA FRANCE PAR UN SYSTÈME IMMÉDIATEMENT PRATICABLE,

Par ALBERT POLONIUS.

> Le grand Sanhedrin, vers 1806, a fait tomber les finances du monde aux échoppes des juifs, et a produit par là dans l'économie sociale une fatale subversion.
>
> CHATEAUBRIAND,
> *Mémoires d'outre-tombe*, Vᵉ volume.

> ....Ce luxe qui, par l'attrait de séduisans produits, attire le superflu du riche pour remunérer le travail du pauvre, ne prospère que si l'agriculture, développée dans les mêmes proportions, augmente les richesses premières du pays et multiplie les consommateurs.
>
> LOUIS-NAPOLÉON BONAPARTE,
> *Son Discours du 11 novembre 1849*

PARIS,

CHEZ MM. GARNIER FRÈRES, LIBRAIRES,

Galerie du Palais-National, et rue de Richelieu, 10.

1850

Versailles. Impr. de Beau jeune, rue Satory, 28.

L'INDICATEUR ANALYTIQUE

DU MANUEL

POUR LES

DÉBATS SUR L'USURE,

LE CRÉDIT FONCIER ET LA FINANCE

EN FACE DU 13ᵉ ARTICLE DE LA CONSTITUTION

RÉSUMÉ DES TRAVAUX DES PLUS GRANDS PENSEURS

APPLIQUÉS A LA FRANCE PAR UN SYSTÈME IMMÉDIATEMENT PRATICABLE,

Par ALBERT POLONIUS.

> Le grand Sanhedrin, vers 1806, a fait tomber les finances du monde aux échoppes des juifs, et a produit par là dans l'économie sociale une fatale subversion.
>
> CHATEAUBRIAND,
> *Mémoires d'outre-tombe*, Vᵉ volume.

> .... Ce luxe qui, par l'attrait de séduisans produits, attire le superflu du riche pour remunérer le travail du pauvre, ne prospère que si l'agriculture, développée dans les mêmes proportions, augmente les richesses premières du pays et multiplie les consommateurs.
>
> LOUIS-NAPOLÉON BONAPARTE,
> *Son Discours du 11 novembre 1849.*

PARIS,

CHEZ MM. GARNIER FRÈRES, LIBRAIRES,

Galerie du Palais-National, et rue de Richelieu, 10.

1850

AU LECTEUR.

Lorsqu'il m'a paru que j'étais en règle avec les lois de la science, j'ai eu besoin de me mettre en règle avec mon cœur. Le suffrage d'un riche qui jamais n'eût mordu au budget, qui jamais ne prête, mais donne toujours, m'était indispensable.

Que je sois anathème, si ma pensée pouvait ravir un seul atome d'une fortune qui, dans les mains d'un tel riche, devient celle de l'indigent placé sur le chemin de son château !

Il me fallait encore le témoignage de celui qui reçoit les dernières confidences du pauvre, sacrifié en ce monde, pour les échanger contre les dernières promesses de ce Dieu qui a fait passer par le Calvaire le Sauveur, pour en faire le dernier juge de tout ce qui aura vécu, de tout ce qui aura souffert et pleuré.—Ces deux hommes et leurs suffrages, je les ai trouvés.

L'un a reconnu que mon système peut faire le bien de beaucoup sans le ravir à aucun. L'autre a vu dans l'usurier que je poursuis celui que foudroie la parole du Christ; il a vu l'égoïste homicide ouvrant d'une main la porte de la cabane d'un homme pur et malheureux, et de l'autre fermant sur lui celle de la prison, après lui avoir tout arraché, biens, honneur, espérance.

Ces deux confidents de mon travail ont fait plus que m'encourager : ils m'ont aidé, ils m'ont éclairé. Qu'ils pardonnent donc à ma reconnaissance, à mon amitié de les nommer ici.

L'un est M. de Plancy, né marquis, contemporain de cette époque où Lafayette n'était pas le seul marquis, aimant le paysan et sa cabane, et pouvant se dire aujourd'hui : *Roine rêve ; Marquis ne daigne ; Berger dans mon Bel-Air, je suis* (1).

L'autre est M. l'abbé Girod, aumônier des prisons de Versailles, qui, à côté de sa foi la plus ferme aux promesses d'un monde meilleur, conserve encore un cœur et même des larmes pour les malheurs de celui-ci.

(1) Une des plus délicieuses habitations de la vallée de Bièvres.

Versailles. — Imprimerie de BEAU jeune, rue Satory, 28.

INDICATEUR ANALYTIQUE.

28. En quoi profitent les six millions que l'État dépense par jour ?

29. Qui veut gouverner, doit résumer chaque jour les analogies et l'ensemble de la situation.

30. Il ne suffit pas de passer la charrue sur les mauvaises passions ; elles ne meurent qu'étouffées par la végétation des bonnes, qu'il faut savoir semer.

31. Si vous retardez la création d'un crédit réel, vous préparez le champ au crédit irresponsable, peut-être même aux assignats.

32. Le peuple anglais, victime de l'industrie et du commerce échevelés.

33. L'absence du crédit agricole.

34. Comment le prix des immeubles importe à l'intérêt public. Madame L. R.

35. Sur le rapport du citoyen Flandin sur le crédit foncier, 26 août 1848. Le projet présenté à l'Assemblée constituante était funeste; plus funeste cependant a été le caractère de l'opposition qui l'a fait rejeter.

36. Les valeurs en circulation manquent de gage, et les valeurs réelles manquent de circulabilité.

37. On ne peut remédier le même jour à tous les maux.

38. Naturaliser et localiser la consommation, c'est protéger le commerce.

39. Le négociant et l'agriculteur en face du crédit.

40. Les hardiesses industrielles compromettent le crédit, le sol en reçoit un coup mortel.

41. Il faut remplir les lacunes découvertes par la dépréciation de la lettre de change.

42. Le fond de roulement des maisons de commerce.

43. Le développement du commerce a lui-même compromis la lettre de change.

44. Le libre échange, se généralisant, aggrave cette situation.

45. L'anticipation du crédit commercial sur le crédit foncier expliquée.

46. Pourquoi les emprunts hypothécaires sont onéreux, bien que le gage du sol soit le plus réel.

47. Le crédit réel menace l'usure.

48. Le crédit industriel menace le pays.

49. La chute de tout crédit empêche toutes les transactions.— Le passé a prouvé ses impuissances. — Belle parole de M. Gustave d'Eichtal.

50. M. Charles Dupin lui-même se méfie du crédit industriel.

51. Il n'y a pas de concurrence pour l'usure. — Portrait de l'usurier échappé à M. Thiers.

52. Tout ce que le propriétaire pourra économiser sur l'usurier sera gagné par le commerçant.

53. Le droit de propriété, d'après M. Troplong, n'a jamais été plus fixe que sous le régime du Code civil.

54. Définition de ce droit.

55. Le premier consul a eu des idées très-erronées sur les bonnes conditions de la propriété. — Ses principes ont frappé le crédit par le Code civil.

56. Le socialisme lui-même est loin de nier en principe la propriété. M. Considérant.

57. L'usurier, comme jadis le fier baron, détrousse en plein jour les passants.

58. C'est calomnier M. Thiers que de soutenir qu'il sacrifie les propriétaires, tout en ayant l'air de défendre leur droit en principe.

59. L'anticipation, l'avance et le crédit, sont toutes choses différentes.

60. Le grand livre aussi, n'est que l'histoire des mécomptes budgétaires.

61. Le capital le mieux placé pour gager le crédit.

62. L'anticipation mène au discrédit.

63. L'avance n'est pas une réalité; elle n'est qu'une espérance — L'éducation, les préparations d'une conquête, etc., sont des avances.

64. Le Code a préparé l'abus du crédit, mais il en a vicié l'usage.

65. La circulation productive,

comme la consommation reproductive, intéressent seules les gouvernements, sinon la science, et la cause de la richesse publique.

66. La législation donne sa signification aux mots, mais n'en est pas esclave (mot *papier*).

67. Abus de la menace par les assignats.

68. On traite la question du crédit foncier, comme un mal importun, avec lequel tout moyen d'en finir est également bon.

69. On gouverne le crédit foncier, on est emporté par le crédit commercial.

70. En Russie vous achetez le sol sur le pied de 10 0|0 de revenu, dans le canton de Genève de 1 à 1|2 0|0. La valeur de la différence expliquée par la valeur des institutions.

71. L'indifférence exagérée pour le signe circulant.

Liv. II. — La population et le sol.

72. Quelques résultats du crédit foncier.

73. Il faut du crédit. — Mais il faut, aussi impérieusement, et un autel et une école.

74. Retenir la population aux champs.

75. L'agriculture végète par manque de capitaux, les capitaux manquent parce que l'agriculture végète.

76. L'homme qui a élevé au plus haut point la puissance politique internationale de l'Angleterre, c'est Pitt. — L'homme qui a créé par le crédit sa puissance agricole, c'est le même Pitt. 32,000 exploitations rurales, 8,000 en Écosse.

77. L'assiette des impôts n'y est pas irréprochable. Le revenu total des Anglais évalué à 6,225 millions, l'impôt à 1,650 millions. — Préoccupation actuelle.

78. En France la main-d'œuvre agricole emporte les trois quarts de la rente du sol; en Angleterre, la moitié seulement; 600,000 domaines britanniques concentrés en 40,000 mains (grandes exploitations) donnent un revenu qui dépasse 2 milliards; en France, le sol agricole, trois fois plus étendu, ne donne pas plus. — La petite culture *quand elle est aisée* arrive aux mêmes résultats que la grande; exemples.

79. Sur 52,768,610 hectares du sol rural, en France, 7,276,368 seulement n'ont pas besoin d'amendement géologique. Ainsi la rente du propriétaire bien justifiée contre les socialistes. — Les propriétés se regroupent.

80. Moyens d'arrêter le morcellement exagéré du sol.

81. L'art spécial à la France de produire des aliments sans presque en user. — Misère de l'agriculteur.

82. En Angleterre, son capital de roulement est décuple de la rente; en France sur 2|5 du sol, le seul capital est le travail affamé; sur les 3|5 à peine il égale, en moyenne, une rente annuelle.

83. Pourquoi s'étourdir sur un mal qui n'est pas incurable?

84. Malheur à ceux qui ont charge d'hommes, et qui se laissent endormir par les intrigants.

85. Avec des négations, espérer de terrasser l'hydre socialiste, c'est préparer une abdication même à la propriété.

86. Le rapport de M. Blanqui; ceux qui gouvernent empruntent à 4 0|0; les gouvernés à 12 0|0. Egalité !

87. Ce rapport officiel constate qu'il y a en France des communes où, sur 23,000 enfants qui naissent, on n'en sauve que 300. Fraternité à effacer, ainsi que le symbole du Rédempteur.

88. Budget d'une famille industrielle. — La loi défend de mendier. *Liberté* — de mourir de faim.

89. Budget d'une famille de paysans, par M. Cochut.

90. Comment la famille française s'est distribué le sol; elle est parve-

nue à amender le sol, en moyenne de la valeur de quatre départements, à lui donner de *bonnes conditions de production* sur la valeur de treize, à le rendre *passable* sur seize, *médiocre* sur trente - cinq, *inexploitable* la valeur de dix-huit! Une tête de gros bétail par trois hectares!! L'Angleterre, moitié moins grande, élève de la race ovine quarante-cinq millions, la France trente-deux.

91. Classement des propriétés
par hectares,
id. *id.* par l'impôt,
id. *id.* par revenu,
id. *id.* par l'importance des habitations.

Conclusion même de M. Charles Dupin.

92. Statistique de l'impôt foncier, d'après M. Troplong.

93. L'ardeur du paysan à posséder! Dans la seule année de 1846 le trésor a perçu, pour droits de ventes, cent neuf millions de francs.

94-95. Il y a soixante-dix personnes à nourrir par kilomètre. Il y a déficit en viande pour neuf hommes; en pain et légumes; l'espèce humaine, quoique triplée, consomme à peine quelque chose de plus que ce qu'elle a consommé deux siècles avant. Elle s'étiole. Donnée statistique qui prouve qu'en France, en tenant compte de la valeur de la nourriture, l'exploitation des petites propriétés à cinq hectares et demi rapporte le plus. Elle donne soixante-douze francs par hectare; mais celle au-dessous de trois ne rapporte que trente francs, ainsi que celle qui a une étendue de deux cent soixante hectares, ne rapporte de même que trente-cinq francs par hectare. — L'estimation en argent et nourriture élève le total du revenu à cinq milliards neuf cent quarante millions de francs.

96. Calamité pour l'agriculture dans l'absorption de tout son capital de roulement par l'ivresse des chemins de fer, aggravée par l'exportation du numéraire, pour l'achat des blés étrangers en 1846, enfin celle des crises financières, depuis le 24 février. — Aujourd'hui elle est réduite à recourir à de véritables *razzias* des traitants dont la brutale barbarie dépasse toute expression du langage chrétien.

97. Quand le capital court la chance de tout perdre, il lui faut une prime qui donne la chance de tout regagner. — La solidarité garantit contre cet inconvénient.

98. Le capital ne peut exiger qu'une part dans les bénéfices dûs au secours qu'il a fourni.

99. La plus déplorable difficulté pour l'agriculture française c'est le *modelé des lots.* — Un fermier écossais, avec sa science et son capital, se détruirait en pure perte sur un de ces rubans de terre cent fois plus long que large.

100. La législation, la spéculation, la propagande, la science, doivent s'unir pour reformer ce modelé des lots.

101. Le tarif humble des fumiers, aux yeux d'un homme d'État, est une page du plus haut enseignement.

102. Le prix de revient du fumier sera toujours le régulateur de la spéculation agricole. — Mais sans le crédit point d'avance.

103. Pitt a daigné écouter et agir, Sir Robert Peel a daigné comprendre et oser. — Condamner et laisser faire la misère, c'est le fait des ministres français.

104. Cherchez l'ordre dans la variété des besoins. — Vis-à-vis de l'universalité, l'esprit d'association est aussi impuissant que l'intérêt individuel vis-à-vis de l'association.

—Le crédit solidaire condense toute la force de la famille et de la propriété.

— La mauvaise foi et la mauvaise volonté des financiers de l'Assemblée constituante.

— La science des moyens doit être subordonnée à la science des buts.

— Les banques d'Écosse, L'imma-

triculation des personnes et des titres, l'hypothèque circulante, de la
Suisse, tellement recommandées par
les endormeurs, ne vont pas au
talon du système de Frédéric-le-
Grand.

Observation profonde de M. Jules
de Lasteyrie, *Anglais et Français*.

105. La possibilité d'un compte-
courant pour l'industrie agricole.

106. Le véritable peuple, celui que
l'usurier décime et que le prêtre conso-
le, possède deux grands orateurs, c'est
l'instinct du vrai, et l'instinct du
juste. — Les questions économiques se
matérialisant, le feront tressaillir un
jour; une fois redressé, il fera tomber
tout ce qui n'est pas vrai, tout ce qui
n'est pas juste.

107. Trente années de discussions,
trois reconstitutions révolutionnaires
en France n'ont fait que renforcer
l'usure.

108. Il faut limiter avec une exacte
précision l'intérêt privé et l'intérêt
général. — Funestes confusions.

109. Les gouvernements sont les
foyers des sociétés ; sans leur intervention la divergence d'intérêts menace d'amener la confusion.

110. La guerre par les douanes, la
destruction par les crises commer-
ciales, la désolation par la désertion
financière, et le rétrécissement du
crédit, sont plus meurtriers pour la
vie des peuples que la poudre et les
canons.

111. Le crédit peut doubler le revenu, mais non le capital.

112. Laissons au temps le travail
de converger les éléments différents
de richesse vers un centre unique ;
d'ici là, que chacun d'eux s'élabore
par une concurrence harmonisée,
avant de les faire sortir organique-
ment d'une source commune.

LIV. III. — CE QUE VOUS LIVREZ AUX
BANQUES PARTICULIÈRES.

113. Le crédit foncier a de plus
fortes garanties qu'aucun autre ; ses

ressources de stabilité, manqueront
toujours aux commerçants. Il faut qu'il
reprenne les armes, et se redresse
pour faire disparaître l'oubli et une
série d'abus qu'il a laissés croître à
ses pieds.

114. La cause presque unique de la
crise présente et de ses misères, c'est
le *crédit anormal ;* le seul remède,
c'est la suscitation des vrais capitaux,
mais circulants et réels.

115. La rente foncière que nous
proposons, représentera une véritable
réserve ; ce caractère, indispensable au
crédit, manque au billet de la Banque
de France ; il manque aux effets de
commerce attachés aux destinées in-
dividuelles ; il manque rigoureusement
aux inscriptions du grand-livre, dont
le capital est absorbé improductive-
ment.

116. La rente foncière, disponible
comme numéraire, pourra se classer
et déclasser à volonté, comme rente.

117. Avant le 24 février, il existait
environ 3 milliards de numéraire,
400 millions de billets de banque,
15 milliards de papier individuel,
lettres de change, obligations, etc.,
et 15 milliards de titres hypothécaires.
De ces quatre signes de numéraire,
les deux premiers seulement ont sur-
vécu dans la circulation !

118. Toutes les institutions aujour-
d'hui prospères, ont été saluées par
l'appel à *l'impossible.* En 1847, qui
aurait osé penser au billet de la Banque sans escompte ?

119. Le sol, évalué à 70 milliards,
produisant 5 milliards, hypothéqués
pour 15 milliards, payant à ses créanciers 750 millions annuellement. —
Nous voulons pour toute charge lui
laisser une rente à payer de 146 millions de francs. Croyez-vous que ce
serait encore *impossible?* Croyez-vous
qu'il y aurait au monde un fonds plus
solidement constitué ?

120. Dans la Constituante (1848),
le monopole, l'usure, les démolisseurs
et les socialistes, ont noyé dans un
déluge d'idées impraticables la ques-

tion de la propriété et de son crédit.

121. Dans l'assemblée législative (1849), la Banque de France, avec son capital de 90 millions, conserve les mêmes espérances de pressurer à discrétion le géant qui possède 70 milliards.

122. Il faut donc renforcer la lutte pour obtenir l'institution du crédit réel et responsable.

123. M. Wolowski a négligé la ressource de la circulation; oubli inconcevable, après l'ouvrage de M. Cieszkoski. — La Californie prouve que l'or est aussi bien sujet à la dépréciation, que les assignats et le travail

124. Méfiance inconcevable et inexplicable qui récompense si mal une confiance naïve de la propriété dans la Banque de France.

125. Correspondance suédoise qui prouve que nous ne sommes pas seuls à voir que la Banque de France ne répond pas à sa haute mission.

126. M. Tourret est le premier qui a répondu au titre éminent de Ministre de l'agriculture.

127. M. Achille Fould s'est épuisé à paralyser l'œuvre de M. Tourret, par des raisonnements qui tous tombent à faux.

128. Ce n'est pas M. Tourret, mais M. Achille Fould que l'on a appelé à la commission *qui doit étrangler* le crédit foncier. — Horoscope.

129 Contact du crédit agricole avec le crédit foncier; car la propriété et l'exploitation sont *deux* intérêts différents.

130. Le seul moyen de faire participer l'industrie agricole à la distribution des capitaux cumulés dans les ruches d'épargne de la Suisse, de la Hollande et de l'Ecosse.

131. L'appât du grand-livre explique la désertion du capital de toute industrie productive.

132. Où mène la différence des frais entre le crédit commercial et le crédit foncier.

133. L'égalité des frais entre la perception des redevances de ces deux

crédits, peut diminuer la désertion du capital du placement foncier.

134. En livrant aux actionnaires de la Banque l'exploitation de la circulation numéraire, on lui livre le sang du corps social.

135. Pour épargner au pays les crises monétaires, il faut ajouter à la circulation un agent qui puisse s'arrêter sans tarir le revenu : un billet à rente.

136. La cause des grandes fluctuations, c'est la rareté du numéraire aux époques des échéances; mais son improductivité spécifique l'empêche de rester oisif, et disponible.

137. En Allemagne et en Pologne, le crédit foncier a prouvé qu'il peut se passer parfaitement de l'alliance avec la Banque.

138. Le texte du droit de propriété est stérile, tant qu'une impulsion ne le rapproche pas du mouvement des échanges.

139. Mais la circulation des billets à rente ne remplace nullement le numéraire métallique; elle lui est alliée, mais elle ne le pourchasse jamais.

140. De 1796 à 1797, plus de 500 millions levés sur l'étranger, en numéraire. sont entrés en France, et ils n'ont en rien amélioré la circulation.

141. La circulation ne cesse d'être stérile qu'en s'alliant avec un agent qui rapporte un revenu.

142. On cessera de craindre de saturer la circulation, dès qu'on n'aura plus besoin de s'ingénier pour éviter l'emploi d'un numéraire stérile par lui-même.

143. De même que le numéraire représente la valeur des denrées, de même le billet à rente représentera la valeur de la monnaie.

144. Substitution bien désirable des *affaires à intérêt* aux *affaires à capital*. Grande moralité. Vivre de ses rentes, c'est dépenser le revenu et non le capital.

145. Le capital est toujours nominal, mais la rente est la seule réalité.

146. Après que la toile est tom-

bée, la cabale enfle le mérite de l'acteur.— Le marquis d'Audiffret a établi positivement que ce n'est qu'en 1839 que la situation financière a été aussi favorable que celle qui a été perdue en 1830. Ainsi, les miracles financiers du gouvernement de juillet disparaissent.

147. Le tempérament français méprise tous les termes intermédiaires ; les uns sèment, les autres détruisent, personne ne veut cultiver.

148. Pour répondre à ceux qui ne cessent de nier les ressources du sol français, la propriété doit répondre par sa toute-puissante impulsion, comme le philosophe qui, pour toute réponse à ceux qui niaient le mouvement, se mit à marcher.

149. Une banque non gouvernementale dépend toujours du gouvernement ; mais le gouvernement dépend d'elle, sitôt qu'il a des services à exiger. — Rouage superflu.

150. Les promesses extorquées de ne pas s'aider dans la circulation, sans intervention de la Banque, favorisent frauduleusement les intérêts privés, au détriment des intérêts universels.

151. Les trois signatures exigées par la Banque expliquées. Quelle question perdue par l'ineptie financière du gouvernement provisoire ? Quel crime de lui avoir livré le privilége de battre monnaie !

152. Les caves, les greniers, les magasins, tout est encombré ; et parce que l'actionnaire de la Banque le veut, vous avez la misère au sein de l'abondance.

153. L'argent n'arrive dans une caisse que sous la condition qu'il en désertera d'autre. — L'écu que l'actionnaire de la Banque gagne, est forcément perdu par quelqu'un.

154. Ce que c'est que le crédit à la Bourse ? On y vend les rentes, les sucres, les huiles que l'on n'a pas, qu'on n'aura jamais ; le vendeur sait aussi très-bien que l'acheteur n'a pas de capitaux, mais il en paye à l'autre la différence, entre le taux d'aujourd'hui et celui de demain ; avoir

du crédit, c'est savoir payer cette différence.

155. Le travail du commerçant est utile, mais il n'est producteur que pour lui seul.

156. L'industrie du banquier jugée par Voltaire.

157. Dégager les capitaux engagés, voilà le crédit.

158. La première institution organisée a été une banque de dépôts, *crédit réel*. — mais il a été limité par le temps et par l'espace. — La lettre de change fut chargée de les franchir. — Elle n'est plus un simple certificat de gage ; c'est déjà une *promesse*, voilà la grande conquête du crédit commercial ; *la réalité disparait*, mais il faut un outil pour reconnaître ceux qui promettent. Cet outil, c'est la Banque d'escompte. Elle donne ses siennes promesses pour toutes ces promesses inconnues au public : voilà la naissance du *billet de banque* ; mais comme ce billet a englouti le nom de celui qui promettait, le terme du paiement, l'énonciation de l'objet acheté, et l'endroit même du dépôt de cet objet, il fallait remplacer tout cela par quelque chose ; ce quelque chose, c'est le remboursement de ce billet *à vue*. — Vous délivrez la Banque de ce remboursement ; donnez à présent un nom à ce billet et à votre sagesse gouvernementale.

159. Le billet de la rente foncière, qui porte en lui-même le gage décuple de son capital, rivé à son origine, qui porte jour par jour son revenu, est une incontestable réalité ; vouloir la rendre réalisable encore une fois, serait une pure superfétation.

160. La possession d'un billet de banque n'est qu'une attente de remboursement ; la possession d'un billet de rente foncière est la jouissance actuelle du capital par son revenu.

161. La supposition que les contrevaleurs en portefeuille de la Banque sont à toute épreuve, et celle que le billet émis ne se présentera au remboursement que dans une faible pro-

portion, sont deux probabilités qui ne suffiront jamais pour former une réalité. — Le billet de la rente foncière portera avec lui la base objective de ses réalités rigoureuses.

162. Les garanties actuelles du billet de banque cessent d'être matérielles et palpables.

163. Catastrophes contemporaines de *Banking-Sy'stem* en Amérique, des banques d'Angleterre et d'Irlande. La Banque de France mendiant les secours à l'autocrate des assignats. La banque de Sutton, etc.

164. Mais nous ne songeons nullement à la réforme de la Banque ni à celle de l'industrie et du commerce ; songeons au sol qui manque d'air ; qu'un autre s'occupe de ceux dont l'air est vicié.

165. Un gouvernement, au lieu de parler du crédit, doit l'inspirer autour de lui et en lui.

166. La situation de la France, dont Corvetto l'a tirée, était plus déplorable qu'elle ne l'est aujourd'hui ; mais il a osé.

Liv. IV. — L'historique du crédit foncier. Le système proposé par l'auteur.

167. Avant de formuler notre système, nous voulons résumer l'histoire des systèmes analogues. La création-mère de Frédéric-le-Grand.—Le mérite de son ministre Carmer. — Les intrigues des banquiers qui étaient au mieux avec le roi, quand il falsifiait les monnaies, exténuait le pays par des guerres interminables ; mais quand il a écrasé l'usure, alors les menaces de mort n'étaient pas même épargnées, au moins contre un grand ministre. — Comment le système a triomphé en peu d'années de ces difficultés. — Brillants et surprenants résultats racontés. — Rectification des fausses notions du congrès agricole. — Ce système depuis est imité dans vingt pays. — Les améliorations introduites dans leur application en Pologne.

168. La Pologne a échappé par le cours d'émission à la dernière orgie que se donne l'usure avant d'expirer. — Cette orgie peut coûter à l'agriculture en France jusqu'à 800 millions dans la première année. Dans cette question, il faut remplacer l'argot de la Bourse par l'équité. L'exemple de la Pologne expliqué.

169. Le cours d'émission est encore un fantôme dont on effraye les innocents. — Les finesses indiquées.

170. Monnaie stérile comparée à celle dont 100 francs rapportent un centime par jour.

171. Le gouvernement provisoire, par la menace de l'impôt sur les capitaux hypothéqués, a empiré la situation des débiteurs.

172. Nombreux exemples qui démontrent les modestes proportions du cours d'émission. — L'équité se résume ainsi. — Aujourd'hui le débiteur pourrait *bien payer* avec le billet de banque dont le capital ne répond que pour un tiers des billets en cours, billets qui ne rapportent rien. —Et il serait réputé *mal payer* avec un titre dont le gage répond quinze fois pour la somme émise, et qui, jour par jour, porte la rente.

173. Qui est le véritable prêteur dans les pays qui jouissent d'une bonne organisation du crédit foncier ? Prêteur et emprunteur, inconnus l'un à l'autre.

174. Condition d'un prêt à long terme.

175. Aujourd'hui un prêt de 300 fr. coûte 48 fr. 50 c., de frais.

176. Fausse ou bonne manœuvre à propos de la restitution du capital ; libération, amortissement, etc.

177. Pourquoi on achète des actions de la rive gauche à 600 fr. pour les revendre à 100.

178. Substituer à l'action indécise et individuelle des prêteurs et des emprunteurs l'action normale et solidaire d'une puissante institution, et le problème est résolu.

179. Les fonds privés ne demandent qu'un bon placement.

180. Nous demandons aux partisans de la sujétion aveugle à la lettre de l'ancienne obligation hypothécaire: si la Californie jette une telle masse d'or que la relation actuelle entre l'or et l'argent en soit renversée, qu'il fût plus facile d'avoir vingt poids d'or qu'un seul d'argent, prétendrez-vous qu'alors aussi il faudrait se libérer de cette obligation en *métal d'argent?* L'absurde est le terme de tout extrême.

181. Bons exemples à consulter sur l'objet précédent.

182. La propriété seule est restée résignée et probe, toujours fidèle à la patrie, et toujours pure de cette révoltante escroquerie que pratiquent les usines, et dont l'industrie donne et prend des leçons; à côté de ce scandale, on voit la propriété accomplir ses engagements par principe et par l'intérêt bien entendu.

183. Les habiles de la dernière Constituante, les peureux du dernier congrès agricole, la Banque et la presse privilégiée exploitent à qui mieux mieux le fantôme assignats.

184. Le *mal assignats* compromet la cause du crédit, comme le *mal guillotine* compromet les belles conséquences de la république.

185. La falsification de la rente foncière est impossible, car en la payant on l'arrêterait. L'assignat était lancé à tout jamais, ayant pour origine la folie du gouvernement et pour limite le néant.

186. Nous ne conseillons pas d'émission sur les immeubles de l'Etat.

187. La garantie de l'assignat ne s'appliquait à rien parce qu'elle s'appliquait *à tout;* la spécialité du gage et la solidarité de garantie sont indispensables pour ce genre de crédit.

188. Les confiscations, les violences, le sang et les larmes, sont-ce là des gages? Mais, à l'article *Assignats,* il y a un enseignement sur les engouements de chaque époque. Lors de la création du grand-livre, Cambon n'a pu (malgré les idées de Calonne, qui en prophétisaient l'ave-nir) décider même les assignats à venir s'y convertir en une dette; or, le grand-livre représente aujourd'hui 7 milliards : c'était la méfiance qui s'attache toujours à l'inconnu.

189. La méfiance des gouvernements explique celle des gouvernés.

190. Le seul débouché possible qui aurait raréfié les assignats a été vicié : la vente des biens confisqués.

191. M. Gaudin, restaurateur des finances sous le consulat, a laissé une leçon éloquente de sa science. Par quels admirables tempéraments, vis-à-vis de 47 milliards d'assignats, il est parvenu à donner aux papiers non-valeurs une issue régulière, et à créer un papier de circulation rationnelle.

192. Quand on a fini avec les assignats on commence à tirer sur n'importe quel système, par dessus celui de Law. — Les agioteurs ont perdu la banque de Law, comme ils dévoreront toute matière qui leur sera livrée. — Le revenu naturel pouvait servir un intérêt de 5 p. 100 sur un capital de 677 millions; ils l'ont poussé à la valeur de 10 milliards, et puis ils ont, comme toujours, lâché pied. Les actions qui, au commencement de 1720, se vendaient 18,000 fr. ne valaient, en juin, que 2,500 fr., et en octobre 200 fr. Un prince de Conti, après avoir épuisé la bourse et la patience de Law par des pots-de-vin incalculables, s'est joint à ses adversaires. Mais le régent n'avait pas besoin de Law pour ruiner le pays : il a porté le marc d'or et d'argent au double. Louis XIV réduisant les écus d'une once à une demi-once, en payant l'argent jusqu'à 50 pour 100, pour laisser dans Versailles le monument des folies dynastiques. Toujours les gouvernements dissipateurs portent en eux la graine des agioteurs.

193. Le crédit foncier n'est pas le papier-monnaie, ni la planche aux assignats. Sans faire table rase du passé, il vient le liquider souverainement. — Il sauvera les inscriptions, même de l'ordre secondaire. Il ne re-

pose ni sur le sophisme, ni sur une abstraction.

194. L'opinion d'hommes engagés dans la longue pratique des affaires; leur expérience heureuse ou malheureuse, utile au même degré. Les causes et les résultats qui amoindrissaient, dans les pays qui se sont approprié l'organisation prussienne, la soudaineté des bons résultats. On s'est convaincu que tout ce qui blesse le principe de l'universalité et de la solidarité des obligations, est contraire au but de l'institution, et la dérange radicalement. — L'art. 13 de la Constitution aide beaucoup à rendre la situation normale, en plaçant à côté de la promesse du crédit le devoir de la prévoyance. — Il indique la conséquence naturelle qui fait sortir l'institution du crédit normal de la sphère facultative, et la rend universellement obligatoire, ce qui double sa puissance et allége les sacrifices. Il faut tenir compte de la Constitution qui a pacifié la dernière révolution. — Ici le devoir n'est qu'un bienfait. — On ne demande pas des sacrifices, mais la Constitution a fait entrer dans ses défenses celle que Dieu, depuis la création, a fait entrer dans la conscience universelle, défense de dire à son prochain : « Éloigne-toi de moi, je ne » suis pas des tiens, car tu souf- » fres. »

195. Projet de loi pour établir notre système. Se divise en deux titres : crédit normal et crédit supplémentaire. Titre Ier, § 1, première impulsion. § 2, l'universalité de la base. § 3, puissance des billets émis : aucun autre système ne supporterait mieux le cours libre. § 4, l'émission garantie contre le moindre contact avec le Code civil et les hypothèques. § 5, priviléges accordés aux créanciers hypothécaires. § 6, l'engagement des propriétaires, quoique universel, se réduit à un avantage gratuit pour ceux dont les immeubles sont libres d'hypothèques. § 7, la simplicité et l'efficacité de contrôle. § 8, facilité des vérifications. § 9, solvabilité incontes-

table. § 10, la contrefaçon moins possible que pour les billets de banque. § 11, l'association est solidaire, gère ses intérêts par ses propres fonctionnaires. § 12, mode d'élection pour chaque degré. § 13, l'influence du gouvernement, et de la chambre des comptes, ainsi que de l'Assemblée nationale réservée. § 14, les jetons de présence témoignent de l'activité des administrateurs. § 15, réserve en cas d'éventualités. Pensée de progrès et de perfectionnement. Les avantages garantis pour les quatre-vingt-dixneuf villes de France les plus importantes par leur population. Bilan annuel.

196. Titre II. § 16. Crédit supplémentaire, exceptionnel : ses garanties et ses limites; elles rentrent sous l'influence du Code civil, et ne donnent pas droit à l'émission directe des titres. § 17, la spécialité des engagements adaptée à la spécialité de situation, favorise les intéressés sans compromettre le système. § 18, autorité intermédiaire pour faciliter les transactions des partis, et sauvegarder les intéressés. § 19, les conditions facultatives. § 20, à toute époque, la dette supplémentaire peut être remboursée; mais les autorités intermédiaires ont une action et un contrôle plus directs que pour le crédit normal. § 21, mode de restitutions. § 22, la dissimulation des charges hypothécaires prévue. § 23, ressource pour couvrir les pertes causées par les hypothèques occultes. § 24, elles ne peuvent atteindre l'émission. § 25, notoriété des titres; participation notariale. § 26, les frais ramenés au niveau de ceux que supporte la transmission des effets de commerce. § 27, notoriété des actes sans l'intervention des notaires.

197. Définitions et fragments réglementaires pour faciliter la compréhension du système. *A. Vérifications* des billets à leur souche. *B. Recouvrement* des intérêts. *C. La confection* des billets. *D Valeurs* à double emploi. *E. Le crédit privé* devient crédit public. *F. Agents* de circulations

productifs eux-mêmes. *G. Réalités présentes. H. Capitaux* de roulement. *I. Faculté* incontestable de liquider les dettes. *J. Les frais répartis* sur la durée de l'obligation s'élèvent jusqu'à 6 pour 100 de plus que l'intérêt inscrit. *K. Fonds* qui s'adapte à la circulation. *L. Il n'est pas question* de subvenir aux nécessités du trésor. *M. Il ne s'interpose* que comme gérant de la chose publique. *N. Il n'est pas question* de mobiliser le sol. *O. Questions* de sursis. *P. Subdivision* des lots. *Q. Les assurances* mutuelles; bilan hypothécaire. *R. Avantage* de la grande périodicité.

198. Pour entreprendre une guérison efficace du mal, qui s'appelle *discrédit,* il ne suffit pas de connaître la maladie, il faut encore connaître le malade.— Il faut prendre des précautions pour ménager ses faiblesses, même sa vanité.

199. La division des propriétés est une question radicale dans celle de l'émission. En Pologne, la moyenne de l'étendue est au-delà de 200 hectares. En France elle ne s'approche pas de 10. Cette différence a été notre principale préoccupation. — Nous avons fortifié le crédit en rétrécissant ses limites; nous l'avons rendu plus abordable, en simplifiant la procédure de l'émission.

200. La gêne que fait subir la règle, devient toujours un appui et une force. — Le soulagement momentané d'une exception tue la règle, et dégoûte du principe.

201. Nous évitons, par tous les efforts, la moindre parenté entre l'émission des titres du crédit foncier et la gestion de ce crédit.

202. Nous ne voulons pas que ceux qui tiennent le flambeau de la comptabilité, conservent la faculté de le cacher ou de l'éteindre.

203. Nous voulons profiter de la canalisation des services établis par le trésor.

204. On ne peut pas organiser ce que l'on ne peut pas prévoir; mais il ne faut pas oublier la partie vague de la question, que l'on ne peut atteindre par aucune organisation.

205. La grande différence entre notre système et le système strictement prussien, expliquée par cette division de la partie immuable de celle qui ne peut que rester variable.

206. On ne peut pas adopter de mode uniforme pour la libération individuelle. Les convenances ne se caractérisent que par l'expérience.

207. L'expertise serait la mesure la plus compromettante pour le crédit foncier; elle rendrait la confiance impossible; elle durerait bien moins, et vaudrait beaucoup moins encore que le cadastre, cette pyramide des mécomptes. — L'expertise engloutirait au moins 200 millions en pure perte.

208. L'expertise aurait un de ces résultats : ou elle élèverait l'émission dans une proportion effrayante, et provoquerait le discrédit, ou forcément elle obligerait de suspendre l'émission ; alors elle blesserait le principe d'égalité.

209. L'impôt contre lequel le propriétaire s'est tenu toujours éveillé par un instinct défensif, est la seule base d'émission qu'aucun soupçon ne peut compromettre. — L'intelligence des experts est au moins autant à craindre que la moralité dans les estimations des biens-fonds. — L'impartialité, la sûreté d'appréciation et la fixité des principes, absolument impossibles.

210. L'administration serait ravie de s'emparer de ce principe, pour déployer sa passion du buralisme. — L'impôt a tout préparé.

211. L'estimation des propriétés est une sensible persécution.

212. Souvenir des estimations en 1821.

213. Le résumé de la discussion des chambres, en 1844, éclaire définitivement cette question, et la fait préjuger négativement. — Ménagements indispensables en face des partis dont le langage surexcite l'irritation contre tout gouvernement.

214. L'impôt foncier se confond tous les jours davantage avec la valeur inhérente au sol.

215. L'inscription de cette partie de la dette publique, qui a soldé une consommation improductive, devrait être, à la rigueur, amortie ; mais la rente foncière ne sera qu'une mise en circulation d'une réserve consolidée ; étant une réalité, elle n'a plus besoin d'être réalisable. — Le crédit foncier est un véhicule indispensable, pourquoi le rendre chaque année moins puissant ?

216. Le fondateur de la rente foncière, sans l'amortir, pourra la balancer parfaitement par une rente à recevoir, et la conserver disponible.

217. La réalisation de la rente foncière est indiquée en arrière de sa création, et non en avant. — Le billet sans échéances du capital, parce qu'il est échu avant de paraître, valeur d'épargne et non d'anticipation, égale à la monnaie métallique par sa garantie intrinsèque, supérieure en raison de sa productivité.

218. Tant qu'elle reste dans le portefeuille du propriétaire fondateur, ou lui revenant, elle présente un titre incontestable de circulation sans bourse délier.

219. De même que la monnaie représente en circulation la valeur des denrées, de même le billet à rente représentera en circulation la valeur de la monnaie, gage et signe par fait.

220. Le capital est presque toujours une abstraction. En fait, le véritable capital de la rente, même sur l'Etat, est le taux moyen du prix de rachat ; nous l'avons pourvue d'acheteurs.

221. La réforme du Code civil, tous ses progrès sont réservés sans faire souffrir le pays de l'attente.

222. Pourquoi le billet de banque doit-il être escomptable ? Parce qu'il ne rapporte rien, et que son gage peut s'évanouir.

223. Souvent on s'abuse en voulant augmenter le capital circulant, par l'augmentation du numéraire.

224. Nous sommes plus rapprochés des idées de M. Wolowski que de tout autre économiste. Mais son système a besoin de la réforme hypothécaire, et il ne l'espère pas. Le système prussien est impossible sans cette réforme complète et radicale. —Voilà pourquoi le nôtre, qui ne touche en rien le Code civil, nous paraît mériter l'attention. — M. Wolowski a été tout près d'une idée plus féconde que celles que nous donnent ses conclusions. Il ne trouve pas l'opinion suffisamment préparée. — Aussi invente-t-il des agents de circulation moins énergiques et plus nombreux que besoin n'en est. Dix-neuf milliards engorgeraient la circulation sans la raviver. — Nous contestons et nous combattons sa confiance dans l'action de l'amortissement, dans l'expertise et dans l'association facultative.

Liv. V. — Conséquences.

225. Notre préoccupation dominante sera toujours de séparer le fait de l'émission des titres créés en vue d'utilité publique, et de la mettre entièrement en dehors de la moindre relation avec le Code civil. — Sa racine étant l'impôt.

226. Nous créons une chambre syndicale par département pour tout ce qui est étranger à l'émission. C'est elle qui gouvernera la circulation et ajustera le crédit anormal.

227. La sorcellerie de la richesse publique consiste à grouper les situations similaires. Exemple des gouvernements allemands.

228. La véritable canalisation du crédit. — Le meilleur spécifique contre les rêveurs. — Effets immédiats du crédit foncier.

229. Le crédit ne doit pencher ni vers une contraction dépressive, ni vers une dilatation abusive. Il n'y a pas de crédit, si provision n'est pas faite.

230. Il n'y a pas d'organisation pour le crédit personnel.

231. Connaître le lien qui unit le propriétaire à la propriété. Connaître la valeur minime du gage, voilà les préoccupations du prêteur aux hypothèques.

232. En réunissant les petites fortunes, remplacer les grandes.

233. L'élection locale entre les intéressés, la responsabilité d'autant plus réelle qu'elle est plus rapprochée du foyer où le crédit prend naissance. La mutualité, la solidarité et la publicité peuvent remplacer et doivent devenir les réformes du Code civil.

234. Le crédit sans la réforme hypothécaire.

235. Coup-d'œil général sur l'ensemble du mécanisme. Pour qu'il soit correct, il faut que chaque véhicule ait une fonction distincte.

236. La création des institutions intermédiaires qui, sans menacer le crédit par le droit d'émission, comme le menacent les banques d'Ecosse, suffisent aux besoins des spécialités.

237. Le droit du capital à une rente, défendu contre le principe socialiste de gratuité.

238. Le principe de la division du travail doit se manifester dans l'organisation du crédit.

239. Plus les localités sont pauvres, plus il faut donner de facilité au crédit pour y arriver; elles ne sont jamais pauvres par vice incurable du fonds.

240. Le champ est vaste pour les autorités intermédiaires qui doivent ajuster le crédit aux besoins des localités. Le dixième des fermes, en France, n'ont pas de capitaux d'exploitation en proportion de leur importance.

241. La liquidation de la dette supplémentaire par la restitution graduelle des titres. Ressemblance avec les banques d'Ecosse.

242. Comment le crédit traite aujourd'hui l'agriculture et le commerce. — Pour le Code civil respect et méfiance.

243. L'émission immédiate facile.

244. Ressources des assurances. Les

15 milliards ne sont, pour une grande partie, que l'accumulation des charges impossibles à satisfaire.

245. Risques des Codes compensés.

246. Puissante réserve. Restitution des prêts supplémentaires. Réduction de tous frais de 20 0/0 à 1/4 0/0.

247. Art. 1184 du Code. Résiliation des contrats de mauvaise foi.

248. En dehors de notre système, impossible d'organiser le crédit foncier.

249. Intervention des succursales.

250. Réformes demandées par Cieszkoski.

251. La dissimulation des charges qui grèvent une propriété, assimilée au stellionat.

252. L'action de l'opinion sur la réforme du Code civil.

253. Les ressources de la purge.

254. La série des réformes proposées par MM. Langlois et Sénart.

255. La série des réformes proposées par M. d'Audiffret.

256. Les tribunaux ont fixé le sens du Code civil, de manière à rendre possibles 15 milliards d'hypothèques. Services directs. Gagne-pain des intermédiaires.

257. Les syndics aideront les tribunaux.

258. Le produit brut de l'agriculture, du commerce, des manufactures et de la finance.

259. Notions statistiques sur l'hypothèque et les charges d'officiers ministériels.

260. Les exactions du fisc.

261. L'importance annuelle des ventes d'immeubles.

262. La valeur des charges d'officiers ministériels.

263. La moyenne des créances.

264. Ce qui contrarie l'infiltration universelle des richesses.

265. Qui gagne par l'impôt sur les capitalistes?

266. Distribution du bien-être par le crédit.

267. L'exécution des engagements. Restitution graduelle.

268. L'effet des rachats périodiques. *L'ancienne législation française garantissait l'inexigibilité de la rente constituée.*

269. Les chambres syndicales doivent surveiller exclusivement les intérêts permanents de la propriété.

270. Les succès imprévus apparaîtront sous la main des autorités destinées à présider au système.

271. Les hommes à routine, traitent l'inconnu comme une rêverie ; chaque but doit avoir ses moyens.

272. La véritable liberté ne menace ni crédit, ni richesse.

273. Abus et fausseté du cri : *confiance*. Le véritable sens de cet appel, c'est : courez à la Bourse pour vous faire dévaliser.

274. Le crédit hypothécaire actuel n'est qu'une obstruction.

275. Avant le 24 février, le bourgeois refoulait déjà les capitaux de la campagne vers les tripotages et les escroqueries de la capitale.

276. Commandite agricole ; pensée féconde de M. Léon Faucher. Revue de l'ancien économisme.

277. La population s'étiole par les privations qu'elle s'impose dans sa soif pour la propriété.

278. L'agent normal pour liquider définitivement une situation anormale.

279. Mauvaise circulation ; il est indispensable de la rectifier.

280. C'est déjà à la révolution de 89 que le crédit a commencé d'être submergé.

281. Le billet à rente porte à l'épargne le billet sans rente, comme ceux de banque et ceux que voulait créer le projet rejeté par l'Assemblée constituante portent à la folle dépense.

282. Les chambres syndicales, les meilleures caisses des dépôts et de consignations.

283. Organisation des caisses d'épargne vicieuse.

284. En apprenant à épargner, il faut aider à conserver.

285. Les monts-de-piété ne sont aujourd'hui qu'un des types de l'usure.

286. La puissance invincible de la vérité. La parole de MM. Thiers et Odilon-Barrot, en janvier 1848, n'était que le précurseur du fait matériel de février.

287. Le crédit, c'est l'ordre, le travail, la prospérité et la puissance.

288. Excepté la Suisse et les États-Unis de l'Amérique, tous les gouvernements ne savent qu'emprunter.

289. Le grand-livre des différents gouvernements. — La dette publique consomme le travail, mais ne le consolide pas.

290. L'épargne organisée à faux sous le règne de Louis-Philippe. L'établissement du crédit foncier pourra équilibrer la charge exceptionnelle du recrutement.

291. La perception mauvaise des impôts.

292. L'esprit d'association appliqué à cette perception.

293. Ce qui caractérise l'esprit de la population de Paris et de la province.

294. L'allégement par le crédit, dégrève de l'impôt ; le dégrèvement des charges se manifeste par l'augmentation progressive dans les revenus indirects de l'Etat.

295. Le socialisme est aride ; la déification de l'individualisme est stupide.

296. Puissance impulsive de la propriété, puissance attractive du travail.

297. Propriétaires de la veille, propriétaires du lendemain ; le conservateur moderne commence par démolir.

298. Qui nous lira, et comment ? Notre dernière pensée. Conclusion.

Le livre dont nous finissons ici l'analyse, composé de 300 pages (édition compacte formant la valeur de trois volumes d'impression ordinaires), se vend 5 fr., chez MM. GARNIER frères, galerie du Palais-National.

Nous donnons ci dessous le Projet de loi qui résume notre pensée, dont le Livre entier n'est que le développement et la justification.

PROJET DE LOI.

195. — TITRE I. Crédit normal solidaire.

§ 1. Le ministre des finances ouvrira un grand-livre de crédit foncier pour toute la France en faveur de tout propriétaire.

Les receveurs-généraux, les receveurs particuliers et les percepteurs seront ses représentants.

§ 2. Le ministre, avec le concours de la direction centrale du crédit foncier, émettra les titres de la rente foncière au porteur d'un centime par jour jusqu'à concurrence du *principal* de l'impôt foncier en faveur de chaque propriétaire qui paie, à ce titre, 3 fr. 65 c. et au-delà. Celui qui paie 7 fr. 30 recevra deux titres. Celui qui paie 10 fr. 95 en aura trois et ainsi de suite. Les quotités d'impôt intermédiaires entre les sommes de 3 fr. 65 c. n'entreront pas en ligne de compte pour cette émission (1).

(1) L'impôt foncier s'élève à :

Pour dépenses générales,	188,775,200 fr.
départementales,	54,455,650
communales,	27,125,870
Pour non-valeurs réimposables,	3,687,220
TOTAL.....	274,037,940 fr.

Dans ce total de 1848, *le principal de l'impôt* entre pour 158,750,000 fr

Et les accessoires, 120,000,000

Il est bien entendu que cette émission de la rente foncière est imposée *de droit* à tout propriétaire payant de l'impôt foncier 5 fr. 65 c. et au-delà ; pour chaque 5 fr. 65 c. il sera émis 5 fr. 65 c. de rente, etc., etc , sans avoir besoin d'aucune démarche de la part du propriétaire.

§ 3. La rente foncière, sans avoir un cours forcé pour l'avenir, liquide et solde définitivement toute dette hypothécaire inscrite avant le jour de la première discussion de la présente loi (1).

§ 4. L'émission de la rente foncière est décrétée à titre d'impôt, et comme telle elle prime toutes les inscriptions hypothécaires; elle est permanente et solidairement garantie pour toutes ses conséquences légales, par toute la propriété territoriale de la République.

§ 5. Tous les titres, convenablement préparés par les soins de la direction centrale, seront déposés dans les chambres syndicales des départements respectifs. Les créanciers hypothécaires auront cent jours pour faire des réclamations par devant ces chambres. Au bout de ce terme, tous les titres qui ne seront pas réclamés et adjugés auxdits créanciers,

(1) Nous prévenons que si l'Assemblée législative décrète une émission de titres sans leur donner aucune impulsion légale, notre système qui, au lieu d'associer seulement les fortunes embarrassées, réunit toute la propriété du sol solidairement, et qui, au lieu de pousser l'émission jusqu'à la moitié de la valeur, la limite en moyenne au 8e, supportera par conséquent le cours libre mieux qu'aucun autre. Mais il était de notre devoir d'énoncer tout ce qu'il y a a dire pour prévenir cette faute, qui peut coûter au-delà de 800 millions, sans aucun avantage pour aucun intérêt légitime quelconque

seront dûment acquis à ces propriétaires (1).

§ 6. Chaque propriétaire d'immeubles non grevés d'hypothèques, ou qui aura obtenu le consentement des créanciers inscrits en ordre légal, pourra demander la délivrance des titres de la rente foncière d'après la base de leur émission. Cette délivrance des titres engage le propriétaire à restituer le coupon semestriel, ou à verser chaque année, en même temps que les impôts fonciers (2), l'importance de la rente inscrite sur les titres; ces titres ne porteront aucune indication d'un capital nominal, qui ne sera jamais exigible, la rente foncière étant perpétuelle.

§ 7. Les titres seront disposés de telle sorte qu'il y ait une double souche pour chacun, indiquant la propriété et le nom du propriétaire. L'une de ces souches restera à Paris, l'autre au chef-lieu du département dans lequel la propriété est située.

§ 8. Les titres porteront des numéros d'ordre, l'énonciation du département, du canton, de la localité, le numéro cadastral, la rente inscrite, mais sans nom de propriétaire; ils seront au porteur, et celui-ci sera admis à faire toutes vérifications sur le registre à souche (3).

§ 9. Aucuns priviléges inscrits ou non inscrits, ni hypothèques légales inscrites ou non inscrites, ne peuvent primer le *titre* de la rente foncière, que l'Etat constitue à titre d'impôt et qui sera exigible sous les mêmes conditions de recouvrement.

§ 10. Les peines portées par l'article 139 du code pénal seront appliquées à ceux qui auront contrefait ou falsifié les titres de la rente foncière, qui en auront fait usage, ou qui les auront introduits sur le territoire français.

§ 11. L'association solidaire du crédit territorial, qui, par la présente loi est autorisée à l'émission de la rente foncière, gérera ses intérêts par ses propres fonctionnaires. Son administration se composera : 1° De chambres syndicales qui siégeront dans chaque chef-lieu de département; 2° d'une direction centrale siégeant à Paris.

---

(1) Nous trouvons parfaitement justifiée l'exception commandée par la situation, celle qui accorde un sursis aux débiteurs qui offrent les titres créés pour liquider la dette foncière et que les créanciers refusent. Mais ce sursis doit être au moins de trois années pour être sérieux et avoir l'efficacité voulue, puisque, par la procédure habituelle, ils en auraient de deux ans sans aucun bénéfice de sursis, pour être réduits à réaliser leurs créances.

(2) Ainsi les propriétaires aisés dont les immeubles sont libres d'hypothèques, auront, dans leurs portefeuilles, les billets de circulation tout prêts pour en disposer, sans que cet avantage leur coûte le moindre sacrifice et la moindre redevance qui ne sera exigible que du moment où le titre de la rente sera lancé en circulation.

(3) Pour réduire à sa dernière simplicité tout le système, nous ne voudrions pas qu'il eût d'autres coupures que celles de 1 centime de rente par jour. Partout en Allemagne on est revenu de la manie de les élever à 1000, 5000 fr. Il y a eu des cas de prétentions inconvenantes de la part des porteurs de titres d'une importance élevée, qui ont voulu exercer un contrôle direct sur la gestion des propriétaires. Ce contrôle, réservé exclusivement à l'institution, excite beaucoup moins les porteurs des titres de petites sommes. Mais il y a une bonne mesure à prendre, c'est celle de permettre aux porteurs de déposer dans chaque chambre 5, 10, 25 et même 100 titres originaires contre des certificats *nominatifs* sur un papier de couleur spéciale pour chaque nombre. Le transfert de ces certificats serait toujours inscrit dans un registre spécial des chambres, et aurait toutes les garanties pour ceux qui ont peur de perdre les titres au porteur. Ces titres nominatifs, d'une *circulation* difficile et désagréable, se classent bien comme effets de *placement*.

§ 12. Il sera fait dans chaque canton une liste des propriétaires payant 3 fr. 65 c. et au-delà, au principal de l'impôt foncier. Le dixième des plus-imposés de chaque canton, réunis en assemblée générale au chef-lieu du département au nombre de la moitié, nommeront autant de syndics qu'il y a de cantons. Ceux-ci constitueront la chambre départementale, et un électeur pour constituer la direction centrale dont le siége sera à Paris (1).

§ 13. La direction centrale sera composée 1° de douze membres élus par les électeurs délégués par les départements ; 2° de trois représentants du peuple nommés par l'Assemblée nationale ; de trois magistrats nommés par la cour des Comptes ; de trois conseillers d'Etat désignés par le vice-président de la République ; 3° d'un président nommé par le Président de la République, sur la liste des trois candidats présentés par la direction centrale sous la présidence du ministre des finances.

Les présidents des chambres syndicales seront choisis par le Président de la République parmi les membres de ces chambres, sur la liste des candidats présentés par le ministre des finances.

Il y aura dans chaque canton un jury spécial pour toutes les questions locales de subdivision ou de vente ; il sera présidé par le juge de paix du canton et dressera un procès-verbal annexé au titre hypothécaire, à chaque application de la rente à une subdivision. Les co-intéressés peuvent en appeler aux chambres départementales contre la décision du jury cantonnal.

§ 14. Le conseil d'État déterminera par un réglement d'administration publique, les jetons de présence, seul droit aux indemnités auxquelles tous ces magistrats auront une part sans qu'il leur soit permis d'y renoncer. Seront membres des chambres syndicales d'office :

1° Les receveurs-généraux respectifs ; 2° les présidents des tribunaux de première instance du re-sort ; 3° les présidents des chambres syndicales des notaires et des avoués du ressort. Le même réglement du conseil d'Etat prescrira toute la procédure pour les autorités de l'association.

§ 15. Une année après la mise en exécution de la présente loi, chaque chambre rédigera et enverra à la direction centrale un projet pour constituer une réserve puissante contre toute éventualité, pour former des associations entre les propriétaires qui paient l'impôt au-dessous de 3 fr. 65 c., en vue de les faire participer à l'émission de la rente foncière. La direction centrale en formera un projet définitif que le Gouvernement soumettra à la discussion du Conseil-d'Etat et de l'Assemblée nationale. Elle en ré-

(1) Quand il s'agit d'une gestion matérielle des fortunes mutuellement et solidairement responsables, la quotité de cette responsabilité matérielle par la fortune doit être la première, sinon la seule qualité d'électeur. Mais nous faisons remarquer que l'égibilité n'est pas sujette aux mêmes conditions matérielles. Certes, il sera libre aux électeurs, possesseurs des biens-fonds, d'élire l'homme probe qui offrira assez de garantie par sa moralité pour répondre à leur confiance.

digera un autre pour augmenter le crédit qui sera appliqué à la ville de Paris et aux 99 villes les plus peuplées de la République (1). En attendant, pour la ville de Paris et les quatre grandes villes qui la suivent par l'importance de la population, la présente loi autorise à doubler l'importance de l'émission, toujours d'après l'échelle de l'impôt foncier à son principal.

On présentera à l'Assemblée nationale le bilan annuel de la situation et des opérations du crédit foncier, dressé par la direction centrale, sous la garantie du ministre des finances, et rendu officiellement public.

196. — Titre II. Crédit exceptionnel.

§ 16. Pour favoriser les propriétaires qui ne pourraient pas liquider leurs dettes avec la rente foncière émise directement sur leurs propriétés par l'organisation normale et uniforme de la présente loi, les chambres syndicales sont autorisées à placer en hypothèques, sous le titre de *prêt supplémentaire*, les titres de la rente foncière dont le maniement leur sera confié par les titulaires, et cela, d'après les dispo-

sitions des §§ 18 et 19 de la présente loi.

Chaque propriétaire d'immeubles non grevés d'hypothèques, et celui qui aura, par suite d'une purge, obtenu un projet d'arrangement avec les créanciers inscrits, pourra demander à la chambre syndicale un prêt supplémentaire en titres de la rente foncière, équivalant en capital à soixante fois l'impôt foncier (calculant 100 fr. de capital pour chaque 3 fr. 65 c. de rente.) La chambre aura le droit d'ordonner une expertise aux frais du demandeur, toutes les fois qu'elle aura des doutes sur la valeur réelle de l'immeuble, et diminuer en conséquence le crédit déterminé par le calcul ci-dessus indiqué.

§ 17. L'emprunteur s'engagera à une restitution des titres par annuités, pendant 28, 42 ou 56 années ; à verser chaque année, en deux termes égaux, l'intérêt librement combattu et convenu, en outre de la rente inscrite, et à payer des centimes additionnels facultatifs pour couvrir les risques des hypothèques occultes, solidairement garanties par tous les emprunteurs de cette classe supplémentaire.

§ 18. Chaque propriétaire aura la faculté à son choix de recevoir les titres de la rente foncière constituée (d'après l'art. 5), sur son bien-fonds pour les utiliser directement par lui-même, ou de confier le maniement de ces titres à la chambre syndicale qui, en attendant l'emploi par un

---

(1) La statistique nous résume les éléments de la population à peu près ainsi :

Paris et 4 villes les plus peuplées.	1,608,000 âmes.
94 Siéges de préfectures, ports de mer, grandes manufactures, à 20,000 *la moyenne.*	1,880,000
290 Siéges de sous-préfectures à 7,000 *la moyenne.*	1,848,000
2,567 Chefs-lieux de cantons à 700 *la moyenne.*	1,796,000
58,000 Communes rurales à 750 *la moyenne.*	28,500,000
	35,632,000 âmes.

placement à terme, lui délivrera une quittance provisoire pour constater simplement le dépôt des titres.

§ 19. Sitôt que la chambre syndicale aura effectué un placement hypothécaire de la rente foncière déposée par un propriétaire pour en être disposé au mieux dans ses intérêts (§ 16), elle lui délivrera une obligation définitive qui contiendra l'énonciation des annuités acceptées par les parties contractantes, se réservant la faculté de restituer les titres à toute époque, si l'emprunteur usait de la même faculté.

§ 20. La chambre syndicale procédera à la purge partielle des immeubles, jusqu'à l'importance du prêt accordé, avant d'effectuer finalement ce prêt en titre de la rente foncière. A cet effet, elle provoquera, selon les formalités prescrites en cas de vente, par le Code civil, l'inscription des priviléges et hypothèques légales, et elle remboursera en titres de la rente foncière toutes les créances incontestées jusqu'à concurrence du prêt accordé.

§ 21. A toute époque, le débiteur grevé pourra s'affranchir de la totalité ou d'une partie de cette dette supplémentaire non encore amortie, en remettant à la chambre syndicale une quotité quelconque des titres de la rente foncière (§ 19).

§ 22. La dissimulation des charges réelles qui grèvent une propriété, sera assimilée par la loi au stellionat et soumise à une répression pénale. Les noms des condamnés seront rendus publics, les dommages recherchés par toutes les voies sur leur fortune.

§ 23. Pour couvrir les pertes occasionnées par les hypothèques occultes aux placements supplémentaires, la direction centrale établira chaque année la somme de celles qui seront définitives, et ces pertes seront restituées au moyen des centimes additionnels par tous les emprunteurs supplémentaires de la République, comme résultat d'une garantie mutuelle et solidaire entre eux.

§ 24. Les propriétaires, en tant que fondateurs de la rente foncière, ne sont pas passibles de ces centimes additionnels. Ils ne le sont que d'après le contrat d'emprunt volontaire supplémentaire négocié avec les chambres syndicales (1).

§ 25. La direction centrale du crédit foncier prescrira, après une discussion, au conseil d'État, un modèle universel et nominal : 1° Du contrat d'emprunt entre les particuliers et les chambres syndicales; 2° des quittances provisoires à délivrer par les chambres syndicales contre les dépôts des titres de la rente foncière; 3° des

(1) Pour comprendre l'économie du système, il ne faut pas oublier qu'il a une double action : l'une, normale, uniforme et directe ; l'autre placée en dehors de celle-ci, indirecte et variable. A la première appartient l'émission des titres, base du crédit perpétuel et des engagements uniformes. A la seconde appartiennent le crédit supplémentaire, débattu entre les chambres syndicales et les particuliers, l'amortissement de ce crédit et toutes les conditions acceptées par les contrats spéciaux. Ainsi, les §§ 25 et 24 ne peuvent s'appliquer naturellement qu'à cette seconde catégorie ; car la première ne dépend pas des hypothèques, étant établie à titre d'impôt, et comme telle elle ne peut pas subir de pertes.

obligations définitives de ces chambres envers les dépositaires de la rente foncière qu'elles auront à leur fournir, sitôt le placement hypothécaire desdites rentes effectué; 4° les livres de comptabilité et toutes les instructions d'une procédure uniforme, pour tous les cas de gestion par lesdites chambres.

§ 26. Immédiatement après la promulgation de la présente loi, le ministre des finances établira un tarif des frais et taxes de toutes les opérations légales indispensables au développement du crédit établi par la présente loi, qui ramènera ces frais au niveau de ceux que supporte la transmission des effets de commerce, ainsi que le revirement des fonds publics négociés à la Bourse.

§ 27. Tous les actes authentiques, formulés par les chambres syndicales, n'auront pas besoin de participation notariale pour avoir les mêmes conséquences légales et emporter le même titre de notoriété publique (1).

NOTA. Ces dispositions ne sont que des pierres angulaires de l'édifice du crédit foncier. Elles aideront à faire entrevoir comment le chaos fera place à la lumière et à l'ordre. Quel complément exigeront toutes les institutions d'assistance publique pour répondre dignement aux promesses de l'article 15 de la Constitution! Pour ne pas donner a ce livre déjà trop long des proportions plus étendues encore, le lecteur nous permettra do le renvoyer à ses propres pensées, à l'expérience de la Prusse et de la Pologne, à la lecture des journaux allemands et polonais où il trouvera, jour par jour, le cours des lettres de gage qui dépasse invariablement le cours de la rente sur l'Etat, quoiqu'elles ne soient pas privilégiées comme le sont les titres de la rente foncière que nous proposons. Pressé de terminer, nous consacrons le dernier livre à l'observation de la pratique du mécanisme que nous venons de poser.

(1) Les conditions qui dispensent les Chambres, pour l'obligation hypothécaire, du titre notarié, ainsi que du renouvellement décimal de l'inscription, sont les clauses qui se placent d'elles-mêmes en dehors du droit commun. La notoriété publique et universelle et l'authenticité des

197. — Définitions et fragments réglementaires pour faciliter la compréhension du système.

Pour reprendre notre ligne d'idées naturelles, nous ajouterons ici, sans distinction aucune, ce qui a rapport à l'organisme d'une bonne institution de crédit; après quoi, nous reprendrons une à une les questions qui se rapportent à sa marche régulière.

A— Tout porteur sera en droit de vérifier les billets sur les registres à souche.

B— Les intérêts seront recouvrés par les percepteurs, de la même manière que les contributions ordinaires, par les mêmes moyens d'exécution et avec le même privilége.

C— Il importe, pour la création des billets, d'adopter un procédé qui inspire au public une plus grande confiance et surtout qui puisse être contrôlé facilement; par conséquent les billets seront créés au ministère des finances, d'après les derniers rôles d'impôt foncier; ils énonceront la propriété par son nom et le numéro cadastral, ainsi que le département, le canton et la commune. — La souche énoncera le nom et la signature du propriétaire fondateur de la rente et sera de même signée par le premier preneur, lors de la remise. La rente sera garantie par la signature de la direction centrale, par celle de la chambre respective et celle du receveur – général. Les billets seront de 1 centime de rente par jour sans énonciation du capital.

D— La rente foncière sera une valeur à *double emploi*; son usage distinct dépendra de la volonté du

conventions qui accompagnent en cette circonstance l'obligation, suffiraient pour atteindre le même but, savoir de rendre impossibles l'erreur, la fraude ou la violence,

porteur. Elle sera ce qu'on appelle de l'*argent comptant*, car le *revenu de la rente* n'est qu'une propriété *de plus* dont elle est douée. — Le possesseur d'obligations hypothécaires, qui ne saurait refuser aujourd'hui d'accepter le billet de banque en paiement, billet garanti par le capital de cette banque, pour un tiers seulement, ne peut pas se plaindre contre la loi qui lui donnera un billet à rente garanti vingt fois pour une, et dont l'émission est de plus solidairement garantie par tout le sol français et limitée au-dessous du dixième de la minime valeur de toute la propriété et qui est un numéraire *productif*.

E — Le revirement absolu de la question, telle que la science et les exigences du moment la posent à la législation, c'est que le crédit, au lieu de prendre sa source au principe du crédit *privé*, serait désormais fondé par le témoignage universel qui le rendra effectivement crédit *public*.

F— *Quel sera le caractérisme de la rente foncière ?*

Nos valeurs positives constateront aux yeux mêmes d'un aveugle : 1° des certificats de *capitaux existants* ; 2° des agents de circulation *productifs eux-mêmes*, tandis que tout numéraire *est aujourd'hui stérile*; 3° des effets mieux assurés contre toute fluctuation que les valeurs métalliques, exposées à tant de perturbations (*Voyez* Cieszkoski, p. 161).

G — La rente foncière constitue des *warrants*, *des réalités* présentes. *quand la lettre de change n'est qu'une promesse de réalisations futures.* Disons *ici*, entre parenthèse, que *la dette publique* devrait être de même divisée *en deux parties* distinctes, l'une *fondée*, représentant les canaux, les chemins de fer, les forêts et les immeubles *employables*. Cette dette peut être perpétuelle, *permanente* et circuler sans remboursement, tandis que l'autre, dépensée en déficits ou expédients de budget, en fortifications, mais toujours infructueusement, doit être *essentiellement amortissable*.

H— Les titres de la rente foncière augmenteront effectivement la masse des capitaux *circulants* pour le service des échanges en général et cela tout naturellement, par la conversion des capitaux *fixes* et engagés en capitaux *de roulement*, en valeurs *courantes*.

I — On ne peut contester ni aux particuliers, ni à l'Etat, la faculté de liquider les dettes au prix que les créanciers eux-mêmes y attachent, et cela *moyennant le numéraire qui possède une réalité intrinsèque et un cours légal ;* sans la première, il ne serait que du *papier assignat*, et sans le *cours légal*, la substitution aux obligations rachetables ne serait pas définitive ; elle ne serait qu'une conversion aventurée, car les conditions pourraient différer dans chaque canton, selon les lumières et le degré de probité et de richesse. Le crédit foncier doit produire une liquidation sérieuse et définitive. Au bout de quelques semaines, certainement le cours libre équivaudrait absolument au cours légal ; mais cet intervalle suffirait pour faire gruger les innocents par les habiles, et il ne faut pas qu'une législation nationale se prête à cette œuvre de dilapidation.

J—Les emprunts hypothécaires se contractent pour un temps assez court. L'intérêt stipulé n'est que d'une importance secondaire, mais les droits et les frais, répartis sur la durée de l'obligation, font ressortir l'intérêt de 2 à 6 p. 100 *de plus que l'intérêt inscrit*, tandis que les immeubles affectés ne donnent au propriétaire que 5 p. 100 tout au plus. La moyenne de la durée des prêts ne dépasse pas trois ans.

K — La rente foncière, quoique inférieure à l'intérêt légal hypothécaire, a une compensation plus que suffisante; car elle s'adapte admirablement à la circulation, tandis que les obligations hypothécaires sont stagnantes; et elle sera le seul agent de la circulation qui porte intérêt, avantage qui fait plus que compenser l'intérêt plus élevé des obligations hypothécaires.

L — Le but aujourd'hui n'est pas de subvenir directement aux nécessités du Trésor, mais bien *de venir au secours de la liquidation universelle de la dette hypothécaire par la création de la circulation spéciale* et l'abaissement de l'intérêt. Les autres avantages sont purement accessoires et indirects, et viendront d'eux-mêmes.

M — Le Trésor vient simplement s'interposer entre les fondateurs de la rente foncière et les porteurs de ces rentes; il participe, comme gérant de la fortune publique, à l'émission des titres, pour certifier leur rapport avec une portion certaine, universellement reconnue et limitée, de la valeur des biens qui gagent cette rente; il la perçoit comme il perçoit l'impôt, pour le compte du gouvernement, et la paie au porteur, comme il sert les arrérages de la dette publique. Tout cela sans compromettre nullement ni le caractère, ni la responsabilité innée à sa constitution spéciale. La sécurité des porteurs des billets de la rente foncière devient complète, et la circulation des titres aussi simple que la négociation des inscriptions du grand-livre. C'est à la connaissance de tout le monde.

N — Notre projet ne poursuit point la pensée bizarre de la *mobilisation du sol*, qui implique l'idée de rendre la transmission de la propriété foncière aussi facile et aussi commode que le passage de main en main d'un diamant. « C'est, comme l'a très-bien dit M. Rossi, chose impossible, et quand ce serait possible, cela ne serait pas utile. » Au lieu de mobiliser le sol, nous le constituons plus fort encore dans ses conséquences immobilières, en rendant circulable une partie *de sa rente*, car le moindre effet de cette circulation assure une surveillance efficace à la conservation de l'immeuble et de tous ses droits.

O — Les créanciers inscrits seraient sommés de se présenter, d'après l'ordre d'inscription, à la caisse du receveur particulier de l'arrondissement, pour y recevoir le montant de leur créance. S'ils font défaut, le versement à la caisse des dépôts et consignations suffira au conservateur pour inscrire d'office la subrogation au profit des titres de la rente foncière.

L'association du crédit offrirait de rembourser les créances incontestables en billets de la rente foncière. Les créanciers postérieurs n'auraient qu'à s'en louer, puisque la situation de l'immeuble se trouverait améliorée à leur égard, une dette exigible étant convertie en une dette inexigible, et même l'intérêt réduit : leur caution serait d'autant améliorée.

EXTRAIT DU CATALOGUE

DE LA LIBRAIRIE

DE

GARNIER FRÈRES.

PARIS,

RUE DE RICHELIEU, 10,

Et Péristyle Montpensier, 215 bis, au Palais National.

MANUEL pour la discussion sur l'usure, par Albert POLONIUS. 1 vol. à deux colonnes, contenant la matière de 3 vol. ordinaires.   5 fr.   » c.

DICTIONNAIRE UNIVERSEL DE GÉOGRAPHIE, par J. Mac-Carthy. 2 vol. contenant la matière de 15 vol. ordinaires.   15   »

CORRESPONDANCE DE JACQUEMONT. 2 vol. in-18 à   3   50

EDUCATION PROGRESSIVE, par Madame NECKER DE Saussure. 2 vol. à   3   50

MÉMOIRES ET CORRESPONDANCE DE DIDEROT. 2 vol. à   3   50

OEUVRES DE GEORGE SAND.

LES SEPT CORDES DE LA LYRE, Gabriel. 1 vol   3   50

SPIRIDION LELIA. 2 vol. à   3   50

LETTRES D'UN VOYAGEUR. 1 vol.   3   50

Et ses autres ouvrages, chaque volume à   3   50